BEI GRIN MACHT SICH IHR WISSEN BEZAHLT

AF152901

- Wir veröffentlichen Ihre Hausarbeit,
  Bachelor- und Masterarbeit

- Ihr eigenes eBook und Buch -
  weltweit in allen wichtigen Shops

- Verdienen Sie an jedem Verkauf

Jetzt bei www.GRIN.com hochladen
und kostenlos publizieren

Selina Schuster

Der Dictatus Papae. Eine historische Einordnung

GRIN Verlag

Bibliografische Information der Deutschen Nationalbibliothek:

Die Deutsche Bibliothek verzeichnet diese Publikation in der Deutschen National-
bibliografie; detaillierte bibliografische Daten sind im Internet über http://dnb.d-
nb.de/ abrufbar.

Impressum:

Copyright © 2010 GRIN Verlag GmbH
Druck und Bindung: Books on Demand GmbH, Norderstedt Germany
ISBN: 978-3-656-49714-1

Dieses Buch bei GRIN:

http://www.grin.com/de/e-book/233129/der-dictatus-papae-eine-historische-einord-
nung

GRIN - Your knowledge has value

Der GRIN Verlag publiziert seit 1998 wissenschaftliche Arbeiten von Studenten, Hochschullehrern und anderen Akademikern als eBook und gedrucktes Buch. Die Verlagswebsite www.grin.com ist die ideale Plattform zur Veröffentlichung von Hausarbeiten, Abschlussarbeiten, wissenschaftlichen Aufsätzen, Dissertationen und Fachbüchern.

Besuchen Sie uns im Internet:

http://www.grin.com/

http://www.facebook.com/grincom

http://www.twitter.com/grin_com

Universität Paderborn

Historisches Institut

Grundseminar Königsherrschaft im Hochmittelalter

SoSe 2010

Der Dictatus Papae

Selina Schuster

HRG Englisch, Geschichte
8. Semester

Inhaltsverzeichnis

I. Einleitung

Der Dictatus Papae ist ein kurzes und zu Lebzeiten seines Verfassers niemals an die Öffentlichkeit gelangtes Schriftstück, welches dennoch eindrucksvoll die Vorstellungen und Amtsansprüche des Mannes widerspiegelt, der es geschrieben hat: Papst Gregor VII. Die vorliegende Hausarbeit wird sich vornehmlich mit der Frage beschäftigen, vor welchem historischen Hintergrund und in Hinblick auf welche historischen Ereignisse der Dictatus Papae entstand und welche (Reform-) Ansprüche Papst Gregor VII. für das Amt des Papstes in ihm aufstellt.

Um diese Fragen zu beantworten wird zunächst die wichtigste Quelle dieser Hausarbeit, das Schriftstück des Dicatus Papae als solches in der Übersetzung von Franz-Josef Schmale aus „Ausgewählte Quellen zur Geschichte des deutschen Mittelalters" beleuchtet werden. Was genau ist der Dictatus Papae, was sagt es aus und welche Forderungen stellt der Verfasser? Im Anschluss daran wird der Entstehungskontext des Dictatus Papae vor dem Hintergrund des schwelenden Investiturstreits eingehender betrachtet werden, sowie Gregor VII. Einstellung als Reformpapst, welche zu seinen aufgestellten Reformansprüchen beitrug. Wieso sah sich der Papst dazu veranlasst, päpstliche Rechte und Ansprüche in dieser sehr expliziten Form niederzuschreiben und gegenüber wem wollte er diese durchsetzen? Auf welche historischen Ereignisse nimmt der Dictatus Papae Bezug und aus welchem Selbstverständnis heraus schrieb Gregor VII. dieses Dokument?

Den letzten Punkt dieser Hausarbeit wird die Frage nach der Rechtswirksamkeit und der generellen Bedeutung des Schriftstückes bilden. Konnte der Dictatus Papae überhaupt rechtswirksam sein, da er nie veröffentlicht wurde? Und selbst wenn er nie rechtswirksam wurde, hatte der Dictatus Papae dennoch direkten oder indirekten Einfluss auf Kirche, Laien oder das Amt des Papstes und wenn ja, welche? Mit diesen Fragen wird sich die vorliegende Hausarbeit eingehend auseinandersetzen und versuchen, sie zu beantworten.

II. Der Dictatus Papae

a) Definition

Mit dem lateinischen Begriff „Dictatus Papae", der übersetzt „(Das) Diktat des Papstes" lautet, wird ein Schriftstück Papst Gregor des VII. (1073-1085) bezeichnet, das sich aus 27 kurzen Leitsätzen zusammensetzt, die allesamt mit „quod" (dass) beginnen. Der Dictatus Papae entstammt dem originalen Briefregister Gregor VII., und ist eingeordnet nach der Fastensynode 1075 und zwischen dem 3. Und 4. März desselben Jahres. Somit fällt der Dictatus Papae, wenn die Einordnung in das Register den Entstehungszeitpunkt wiedergibt, in die ersten Jahre seiner Regierungszeit als Papst[1]. Das Schriftstück selbst jedoch ist undatiert.[2]

Die Sätze als solche verfügen über keinerlei Reihenfolge und geben ungeordnet und in „überspitzter Form [...] päpstliche Ehrenrechte und –titel, den innerkirchlichen Primat des Papstes gegenüber Synoden, Klerus und Bischöfen sowie den außerkirchlichen Primat der Kirche und des Papstes gegenüber weltlichen Herrschern"[3] wider. Aus formaler Sicht betrachtet ist der Dicatus Papae daher einzigartig. Es existiert kein anderes Schriftstück, in dem in dieser expliziten Form die Rechte und Ansprüche des päpstlichen Stuhls definiert werden.[4] Allerdings ist anzunehmen, dass dieser Text niemals für eine Veröffentlichung außerhalb der Kurie vorgesehen war und somit zu Lebzeiten Gregor VII. nicht öffentliche oder publik gemachte Forderungen des Papstes darstellt. Die 27 kurzen Leitsätze lassen sich als Gedanken des Papstes in Bezug auf die Stellung seines Amtes innerhalb der katholischen Kirche und im Verhältnis zu Laien und dem sakralen Königtum verstehen. In diesem Kontext sind dabei vor allem die Leitsätze 8,9 und 12 hervorzuheben, in denen Gregor VII. zu verstehen gibt, dass der Papst nach seiner Auffassung selbst über dem von Gottes Gnaden eingesetzten Kaiser und seinen Herrschaftsansprüchen stehe. Zusammengefasst behandelt der Dictatus Papae vornehmlich den Primatsanspruch des Papstes – auch bzw. gerade gegenüber weltlichen Mächten.

Eine genaue Einordnung der Bewandtnis des Dictatus Papae bzw. eine Kategorisierung des Schriftstücks erweist sich hingegen als schwierig. So bezeichnet Winfried Hartmann die 27

---

[1] Vgl.: Fuhrmann, Horst: Gregor VII., S.167.
[2] Seng, Sebastian: Der Dictatus Papae, S.7.
[3] Seng, Sebastian: Der Dictatus Papae, S.7.
[4] Vgl.: Fuhrmann, Horst: Gregor VII., S.167.

Sätze als „eine Art Gedankenprotokoll, das vielleicht aus Versehen ins Register eingetragen wurde"[5], wohingegen Karl Hofmann das Dokument als den Index einer Kirchenrechtssammlung ansieht. Richard Koebner bewertete den Dictatus Papae als einen groben Entwurf für eine Ansprache zur Fastensynode 1075.[6]

Generell lässt sich somit eine genaue Einordnung der Bedeutung des Dictatus Papae nicht mit Sicherheit festlegen. Auch aus welchem Anlass Gregor VII. diese ungeordneten Sätze niedergeschrieben hat, kann nicht belegt werden und führt unter Wissenschaftlern zu Diskussionen."[7]

Der historische Hintergrund während der Entstehung ist für eine mögliche Erklärung von großer Bedeutung, da Bezüge zu historischen Ereignissen, wie dem Investiturstreit und dem Mailänder Konflikt gezogen werden können.

Anschließend kann zum Dictatus Papae gesagt werden, dass er in der Zeit seiner Entstehung – wahrscheinlich auch Aufgrund der nicht vollzogenen Veröffentlichung - wenig bis geringe Resonanz erfuhr. So wurde er in keiner erzählenden Quelle seiner Zeit erwähnt und war über den Heiligen Stuhl hinaus gänzlich unbekannt.[8]

.

---

[5] Hartmann, Winfried: Der Investiturstreit, S.23, Z.11f.
[6] Vgl.: Seng, Sebastian: Der Dictatus Papae, S.10.
[7] Brinkkoetter, Pia: Das Spannungsverhältnis zwischen Kaisertum und Papsttum – aufgezeigt an der Quelle des „Dictatus Papae", S.20, Z.20f.
[8] Vgl.: Seng, Sebastian: Der Dictatus Papae, S.8

b) Inhalt

Der Dictatus Papae setzt sich aus insgesamt 27 Leitsätzen zusammen, die sich grob in drei Kategorien untergliedern lassen (wobei einige Sätze des Dictatus Papae auch in zwei Kategorien fallen und sich somit nicht eindeutig zuordnen lassen):

1. Ehrenrechte und Ehrentitel des Papstes
2. Primat des Papstes innerhalb der Kirche
   - Rechtsprechung und Gesetzgebung
   - Weihe und Liturgie
3. Primat des Papstes gegenüber weltlichen Mächten

Gemeinsam haben die Forderungen, dass sie allesamt einzig und allein auf der Annahme basieren, dass sich die römische Kirche von allen anderen Kirchen abhebe, durch ihre alleinige Gründung durch Christus: „Die wichtigste Tendenz dieser Sätze ist die Behauptung der absoluten Sonderstellung der römischen Kirche, die auf ihre Einsetzung durch Christus selbst zurückgeführt wird, sowie die führende Position des Bischofs von Rom […]".[9]

Unter den ersten Punkt Ehrenrechte und Ehrentitel des Papstes fallen die Sätze 2, 8, 9, 10, 22, 23, 26. Es ist das Recht des Papstes sich allein als universal zu bezeichnen (2), sowie die kaiserlichen Insignien zu benutzen (8). Fürsten haben nur dem Papst die Füße zu küssen (9) und es ist des Papstes Name, welcher in allen Messen und Gottesdiensten verlesen werden soll (10). Ferner formuliert Gregor VII. die absolute und unangreifbare Unfehlbarkeit des päpstlichen Stuhls (23) und damit einhergehend die Heiligkeit des Papstes per se, durch die Verdienste des heiligen Petrus, als dessen Nachfolger der Papst gesehen werden soll (23). Darüber hinaus zählt es zu den Rechten des Papstes bestimmen zu können, wer als katholisch angesehen werde. Wer dem Papst widerspricht oder nicht mit seinen Ansichten konform geht, gilt nicht mehr als katholisch (26).

Unter den zweiten Punkt Primat des Papstes innerhalb der Kirche lassen sich die Sätze in zwei weitere Untergruppen untergliedern. Das Vorrecht des Papstes in Bezug auf die Rechtsprechung und Gesetzgebung, sowie in Bezug auf Weihe und Liturgie. Zu den Sätzen der Rechtsprechung und Gesetzgebung gehören folgende Forderungen: Dass es dem Papst erlaubt ist, neue Gesetzt zu schaffen, neue Gemeinden zu bilden, sowie Bistümer und Abteien zu tei-

---

[9] Hartmann, Winfried: Der Investiturstreit, S.23, Z.12f.

len und wieder zusammenzuführen (7). Keine Synode ist ohne seine Zustimmung als allgemein zu bezeichnen (16) und kein Rechtssatz und kein Buch ohne seine Zustimmung kanonisch (17). Sein Urteil kann von niemandem widerrufen werden, er selbst kann jedoch die Urteile aller widerrufen (18) – er darf darüber hinaus von niemandem gerichtet werden (19). Ferner darf niemand verdammt werden, der an den apostolischen Stuhl appelliert (20) und alle größeren Rechtsfälle einer jeden Kirche müssen an ihn übertragen werden (21). Unter das Primat der Weihe und Liturgie fallen folgende Sätze: Allein der Papst darf Bischöfe absetzen und wieder in die Kirche aufnehmen (3) und auf einem Konzil ist das Legat des Papstes allen anderen Bischöfen übergeordnet. Darüber hinaus kann er jeden Bischof absetzen (4). Mit Exkommunizierten weilt der Papst nicht unter einem Dach (6). Der Papst hat das Recht, einen jeden beliebigen Kleriker zu weihen (14) und von ihm Geweihte dürfen einer anderen Kirche nicht vorstehen, sowie von keinem anderen Bischof einen höheren Weihegrad empfangen (15). Ferner kann er Bischöfe ohne Synode absetzen und wieder in ihre Ämter investieren (25).

Die wohl kontroverseren Sätze des Dictatus Papae fallen unter den dritten Punkt, die Vorrangstellung der Kirche bzw. des Papstes gegenüber den weltlichen Mächten. Am wichtigsten sind hierbei die Sätze 12 und 27. Der Papst hat das Recht Kaiser abzusetzen (12) und kann Untergebene von ihrem Treueid lösen, sofern sich ihre Herren versündigt haben (27). Darüber hinaus kann der Papst es Untergebenen gestatten gegen ihre Herren Anklage zu erheben (24) und Abwesende, sowohl Kleriker als auch Laien, ihrer Ämter entheben (5).

Gregor VII. kommt mit diesen Sätzen insofern mit den weltlichen Mächten in Konflikt, da sich auch das Königtum als sakrales Königtum von Gott gewollt und gegeben versteht. So bezeichneten sich die deutschen Könige als christus domini - „gesalbte des Herren".[10] Das Primat der Kirche gegenüber weltlichen Mächten beschreibt Gregor VII. wie folgt: Die katholische Kirche wurde allein vom Herrn gegründet, hat niemals geirrt und wird auch niemals irren und derjenige, der nicht mit ihr übereinstimmt, wird nicht länger als katholisch angesehen.

---

[10] Hartmann, Winfried: Der Investiturstreit, S.24, Z.31.

III. Historischer Kontext

a) Der Investiturstreit

Um die Entstehung des Dictatus Papae und seine Forderungen und Ansprüche verstehen zu können, ist eine Einordnung in den historischen Kontext von existentieller Bedeutung. Ein sich über längere Zeit erstreckendes, historisches Ereignis, welches seinen Niederschlag in den aufgestellten Leitsätzen des Dicatus Papae fand, ist der zur Zeit seiner Entstehung im Jahr 1075 schwelende Investiturstreit zwischen der Kirche und den weltlichen Mächten. Im Mittelalter waren die Universalgewalten Papst- und Kaisertum eng miteinander verwoben, gerieten jedoch seit der Einführung des Reichskirchensystems unter Kaiser Otto I. immer wieder in Konflikte, welche schlussendlich im Investiturstreit des 11 Jahrhunderts gipfelten.[11] Generell muss zu dem Begriff des Investiturstreits gesagt werden, dass dieser in den knapp 50 Jahren seines Bestehens (1075/78 – 1022) seinen Schwerpunkt vom Laieninvestiturverbot (die ersten 20 Jahre), hin zum Verbot der Lehnshuldigung veränderte.[12] Darüber hinaus ging es im Investiturstreit nie einzig und allein um die von der Kirche missbilligte Investitur von Bischöfen durch Laien, wie der Name vermuten lassen würde, sondern auch um Faktoren, wie Priesterehe und Simonie (Käuflichkeit von geistlichen Ämtern).

Bis zu Beginn des Streits koexistierten sowohl die weltlichen Mächte (regnum) als auch die Kirche (sacerdotum) friedlich nebeneinander: „Das friedliche Miteinander des Papsttums und des Kaisertums galt als legitime Umsetzung der gottgewollten Ordnung, wobei der Kaiser als Schutzherr des Papstes, eine schwerwiegendere Machtstellung besaß."[13]

Dieses friedliche Miteinander veränderte sich jedoch während der Herrschaft der Salier bis zum eigentlichen Investiturstreit unter Heinrich IV. (1050-1106). Als Auslöser des Investiturstreits gilt der Mailänder Konflikt im Jahre 1071. In diesem investierte König Heinrich IV. den von Gregor VII. Vorgänger, Papst Alexander II., exkommunizierten Bischof Gottfried ins Erzbistum Mailand und setzt sich somit über die Exkommunizierung des Papstes hinweg.[14] Durch den Tod von Alexander II. am 21.04.1071 kam in diesem Konflikt keine Lösung zu-

---

[11] Vgl.: Brinkkoetter, Pia: Das Spannungsverhältnis zwischen Kaisertum und Papsttum – aufgezeigt an der Quelle „Dictatus Papae", S.2.

[12] Vgl.: Hartmann, Winfried: Der Investiturstreit, S.5.

[13] Brinkkoetter, Pia: Das Spannungsverhältnis zwischen Kaisertum und Papsttum – aufgezeigt an der Quelle „Dictatus Papae", S.3, Z.9f.

[14] Vgl.:Brinkkoetter, Pia: Das Spannungsverhältnis zwischen Kaisertum und Papsttum – aufgezeigt an der Quelle „Dictatus Papae", S.9.

stande, sodass sich die Situation in Hinblick auf die praktizierte Laieninvestitur erst unter seinem Nachfolger Gregor VII. weiter zuspitzte.

Zur Konfrontation zwischen Heinrich IV. und Gregor VII. kam es erst im Herbst des Jahres 1075, da Heinrich IV. aktiv in den Mailänder Bischofsstreit eingriff und einen Angehörigen seiner Hofkapelle zum Erzbischof ernannte und zwei weitere Bischöfe ohne Absprache mit dem Heiligen Stuhl investierte. Die Reaktion Gregor VII. erfolgte in Form eines Briefes im Dezember 1075, in dem er Heinrich IV. entschieden dazu aufforderte, die in Mailand getroffenen Maßnahmen rückgängig zu machen.[15] Infolgedessen verband sich Heinrich IV. jedoch mit den von ihm investierten Bischöfen. Zum endgültigen Eklat kam es während der zweiten Reichsversammlung in Worms vom 24.01.1076 und der gleichzeitig abgehaltenen Reichssynode von Gregor VII. Auf der Reichsversammlung kündigte die Mehrheit des deutschen Episkopats Gregor VII. den Gehorsam auf, mit der Begründung seine Erhebung zum Papst sei illegal gewesen[16] (Die Erhebung Hildebrands zum Papst Gregor VII. am 22.04.1073[17] geschah ohne Rücksicht auf die Bestimmungen des Papstwahldekrets von 1059, welches besagte, dass die Kardinäle eine Vorverhandlung abzuhalten haben[18]). Unter der Führung Heinrich IV. wurde ein Brief an Gregor VII. verfasst, mit der Aufforderung sein Amt aufzugeben und die Wahl eines neuen Papstes einzuleiten. Die Reaktion Gregor VII. auf der Reichssynode war die Suspendierung und Exkommunizierung aller Anwesenden der Wormser Reichsversammlung, somit auch König Heinrich IV, welcher sich anschließend Aufgrund des Drucks der Großen dazu verpflichten musste, innerhalb eines Jahres die Bannung des Papstes zu lösen, sofern er sein Königtum nicht verlieren wollte. Was darauf folgte, war der Bußgang König Heinrich IV. nach Canossa im Winter 1076/1077, welcher die Absetzung Heinrich IV abwenden und seine Exkommunizierung aufheben konnte. Eine zweite Bannung Heinrich IV erfolgte jedoch auf der Fastensynode des Jahres 1080, als das Investiturverbot verschärft und auch die Herrscher gebannt wurden, welche eine Investitur vornahmen.[19]

---

[15] Vgl.: Hartmann, Winfried: Der Investiturstreit, S.24.
[16] Vgl.: Hartmann, Winfried: Der Investiturstreit, S.24.
[17] Hartmann, Winfried: Der Investiturstreit, S.22, Z.16.
[18] Vgl.: Brinkkoetter, Pia: Das Spannungsverhältnis zwischen Kaisertum und Papsttum – aufgezeigt an der Quelle „Dictatus Papae", S.9.
[19] Vgl.: Hartmann, Winfried: Der Investiturstreit, S.26.

b) Gregor VII. als Reformpapst

Gregor VII. lässt sich in die Reihe der Reformpäpste (Clemens II, Damasus II, Leo IX. und Viktor II.) einreihen, deren Reformideen allesamt das päpstliche Primat betonten und sich sowohl gegen Simonie, als auch gegen Priesterehen aussprachen: „Ihr Hauptziel war die Freiheit und Unabhängigkeit der römisch-katholischen Kirche, „liberatas ecclesias".[20] „Die Voraussetzung dafür ist die Trennung zwischen geistlichen und weltlichen Dingen."[21] Diese Reformbemühungen der Vorgänger Gregor VII. führten letztendlich zur Trennung zwischen Ost- und Westkirche, dem Schisma von 1054. Gregor VII. setzte gleich zu Beginn und im gesamten Verlauf seiner Amtszeit die eingeschlagene Richtung fort. Ausgestattet mit einem sehr starken Sendungsbewusstsein[22] wandte er sich verschärft gegen Priesterehen, Laieninvestitur und Simonie: „Gregor VII. hat in seinen Reformideen die alte Kirchenreform nicht verändert. Er kämpfte weiterhin gegen Simonie und priesterliche Ehen. Die Reform wird schließlich nur durch das Investiturverbot von 1076 erweitert."[23]

So begann er bereits auf der Fastensynode 1074 Laien dazu aufzufordern, verheiratete Priester zu melden. Bischöfe, die unter Verdacht der Simonie standen, brachte er nach Rom – auf der Fastensynode von 1075 verurteilte er eine Reihe der Simonie bezichtigten Bischöfe und drohte allen weltlichen Herrschern, die sich weigern sollten ihre weltlichen Bistümer zu verschenken, mit Exkommunizierung.[24] Dieses Spannungsverhältnis zwischen weltlichen und geistligen Mächten, resultierend aus den Reformbemühungen Gregor VII., fand letztlich seine Zuspitzung in der Bannung Heinrich IV. im Jahre 1076. Die wohl wichtigste Reform Gregor VII. war letztlich jedoch das absolute Laieninvestiturverbot. Auf der Fastensynode von 1078 verbot Gregor VII erstmals die Investitur von Laien, „[…] wobei ausdrücklich auch Kaiser und Könige als Laien bezeichnet wurden, aus deren Hand kein Bistum und keine Abtei angenommen werden dürfte."[25] Dieses Verbot erfuhr im Jahr 1080 noch eine Verschärfung, da jedem Laien, der Bischöfe in Ämter investierte, mit der Exkommunizierung gedroht wurde.[26]

---

[20] Brinkkoetter, Pia: Das Spannungsverhältnis zwischen Kaisertum und Papsttum –aufgezeigt an der Quelle des „Dictatus Papae", S.8, Z.27f.

[21] Brinkkoetter, Pia: Das Spannungsverhältnis zwischen Kaisertum und Papsttum –aufgezeigt an der Quelle des „Dictatus Papae", S.16, Z.23f.

[22] Vgl.: Fuhrmann, Horst, Gregor VII., S. 156.

[23] Brinkkoetter, Pia: Das Spannungsverhältnis zwischen Kaisertum und Papsttum –aufgezeigt an der Quelle des „Dictatus Papae", S.18, Z.27f.

[24] Vgl.: Brinkkoetter, Pia: Das Spannungsverhältnis zwischen Kaisertum und Papsttum –aufgezeigt an der Quelle des „Dictatus Papae", S.10.

[25] Hartmann, Winfried: Der Investiturstreit, S.28, Z.13f.

[26] Vgl.: Seng, Sebastian: Der Dictatus Papae, S.5.

c) Das Selbstbild Gregor VII.

Generell lässt sich zu Gregor VII. sagen, dass er ein sehr gläubiger Mensch war, der es sich zur Aufgabe gemacht hatte, „die Verwirklichung Gottes Reiches auf Erden durch die Hand des Papstes"[27] zu erschaffen. Er sah sich selbst als Gottes Werkzeug, aber darüber hinaus auch „als oberster Richter und alleiniger Gesetzgeber"[28] der katholischen Kirche und besaß darüber hinaus „ein Verantwortungsgefühl für das Seelenheil der gesamten Christenheit"[29], was sein vermehrtes Eingreifen in die Belange der weltlichen Mächte erklärt. Aus diesem Selbstverständnis, als Reformer, Werkzeug Gottes und oberster Richter lassen sich auch die im Dictatus Papae festgehaltenen Ansprüche und Rechte für das Amt des Papstes erklären. In diesem „spiegeln sich seine Religion und seine Machtansprüche gegenüber den weltlichen und den geistlichen Herrschern wider."[30]

---

[27] Brinkkoetter, Pia: Das Spannungsverhältnis zwischen Kaisertum und Papsttum – aufgezeigt an der Quelle des „Dictatus Papae", S.9, Z.22f.
[28] Brinkkoetter, Pia: Das Spannungsverhältnis zwischen Kaisertum und Papsttum – aufgezeigt an der Quelle des „Dictatus Papae", S.9, Z.23.
[29] Seng, Sebastian: Der Dictatus Papae, S.13, Z.5.
[30] Brinkkoetter, Pia: Das Spannungsverhältnis zwischen Kaisertum und Papsttum – aufgezeigt an der Quelle des „Dictatus Papae", S.20, Z.12f.

IV. Bedeutung und Rechtswirksamkeit

Die Ansprüche und Forderungen, welche Gregor VII. im Dictatus Papae für das Amt des Papstes aufstellt, sind sehr allumfassend, absolut und vor dem historischen Hintergrund des Investiturstreits durchaus nachvollziehbar. Dennoch bzw. gerade deshalb ergeben sich aus den im Dictatus Papae festgehaltenen Ansprüchen des Papstes einige Reibungspunkte, v.a. im Verhältnis zu den weltlichen Mächten, insbesondere dem sakralen Königtum der deutschen Könige und Kaiser, welche „von Gottes Gnaden" eingesetzt – ebenso wie der Papst – den Willen Gottes repräsentieren bzw. ausführen. Vor allem die Leitsätze, welche sich unter dem Primat der Kirche gegenüber weltlichen Mächten zusammenfassen lassen, hätten bei einer Veröffentlichung des Dokuments sicherlich zu Konflikten geführt. Generell muss allerdings zu den Sätzen des Dictatus Papae gesagt werden, dass sie sich zu einem großen Teil auf bereits bestehende, kirchenrechtliche Traditionen stützten und teilweise nur in verschärfter Form wiedergaben, was zur Zeit der Entstehung des Dictatus Papae bereits Usus war: „Die meisten Sätze sind aus der kirchenrechtlichen oder historischen Tradition hergeleitet [...] jedoch erfahren viele der auf dem Herkommen beruhenden Sätze eine Konzentration auf die römische Kirche und den Papst, sowie eine Verschärfung."[31]

Zur Rechtswirksamkeit des Dictatus Papae kann gesagt werden, dass es eine Rechtswirksamkeit in dem Sinne nicht gab, da das Dokument nie an die Öffentlichkeit gelangte und somit kein allgemeingültiger Gesetzestext, oder die Vorlage für einen solchen werden konnte. Den meisten Zeitgenossen war das Dokument gänzlich unbekannt. Dennoch kann argumentiert werden, dass neben den Sätzen, welche als allgemein anerkannte Rechte angesehen wurden, auch kontroverse Sätze des Dictatus Papae rechtliche Anwendung fanden. Die wohl wichtigsten Beispiele dafür sind das 1078 auf der Fastensynode durchgesetzte Verbot der Laieninvestitur (DP Satz II: „Dass ausschließlich jener Bischöfe absetzen oder wieder in die Kirche aufnehmen könne.", DP Satz XXV: „Dass er ohne eine synodale Zusammenkunft Bischöfe absetzen oder in den Schoß der Kirche wieder aufnehmen könne."), sowie die Bannung Heinrich IV. 1076 (DP Satz XII: „Dass es jenem möglich sei, Kaiser abzusetzen."). Zusammengefasst lässt sich sagen, dass der Dictatus Papae vor allem Einblicke in die Gedankenwelt Gregor VII. bietet und nicht als rechtsgültiges Dokument betrachtet werden kann. Trotzdem fanden auch ohne eine Publizierung viele der im Dictatus Papae aufgeführten Leitsätze tatsächlich rechtliche Anwendung.

---

[31] Seng, Sebastian: Der Dictatus Papae, S.8, Z.17, S.9, Z.7f.

V. Fazit

Abschließend lässt sich über den von Papst Gregor VII. verfassten Dictatus Papae sagen, dass er interessante Einblicke in die Vorstellungen und Ansichten seines Verfassers bezüglich der mit dem Amt des Papstes verbundenen Vorrechte und Privilegien bietet, sowie viel über das Selbstverständnis Papst Gregor VII. aussagt. Darüber hinaus lassen sich einige der im Dictatus Papae festgehaltenen Forderungen auf den während seiner Entstehungszeit schwelenden Investiturstreit mit den weltlichen Herrschern zurückführen. Es kann vermutet werden, dass sich Papst Gregor VII. ohne den Investiturstreit nicht in dieser Art und Weise dazu veranlasst gesehen hätte, die päpstlichen Vorrechte in einer solch expliziten Art und Weise niederzuschreiben, auch wenn diese niemals für eine Veröffentlichung außerhalb der Kurie gedacht waren. Generell kann man den Dictatus Papae als ein Gedankenkonzept Gregors ansehen. Es wurde niemals veröffentlicht und es war auch nicht dazu gedacht veröffentlicht zu werden, dennoch hatte dieses Dokument Einfluss auf die Regierungszeit Gregor VII. Dass er von seinen Ansichten überzeugt war und versuchte diese durchzusetzen, lässt sich unter anderem daran erkennen, dass viele der im Dictatus Papae aufgestellten Forderungen selbst ohne eine Veröffentlichung des Werkes, noch zu Lebzeiten Gregor VII. rechtliche Anwendung fanden: Beispiele dafür sind das Recht des Papstes Bischöfe ohne Synode ab- und wiedereinzusetzen, das Verbot der Laieninvestitur, oder auch die Forderung, dass niemand mehr als katholisch gelte, der sich nicht in Übereinstimmung mit der Kirche befinde. Die Durchsetzung dieser Forderung lässt sich an der Exkommunizierung König Heinrich IV. festmachen, die gleichsam beweist, dass der Satz DP XII, dass es dem Papst erlaubt sei, Kaiser abzusetzen, ebenfalls Anwendung erfuhr. Alles in allem sind viele der aufgestellten Ansprüche, welche der Dictatus Papae enthält, durchaus zu Lebzeiten Gregor VII. realisiert wurden.

Zusammengefasst bedeutet dies, dass der Dictatus Papae, auch wenn er niemals ein öffentliches, geschweige denn rechtswirksames Dokument war, das Handeln Gregor VII. während seiner Regierungszeit als Papst dennoch stark beeinflusst hat und somit darüber hinaus ebenfalls Auswirkungen außerhalb von Kirche und Kurie hatte.

VI. Literaturverzeichnis

Quellen:

- Caspar, Erich (Hg.): Das Register Gregor VII. Bd. I Buch I-IV, Berlin 1955, S. 201-2008.

Übersetzung:

- Schmale, Franz-Josef: Schriften über den Streit zwischen Regnum und Sacerdotum. Ausgewählte Quellen zur deutschen Geschichte des Mittelalters, (Quellen zum Investiturstreit, 2.), Darmstadt 1984, S.148-151.

Sekundärliteratur:

- Blumenthal, Ute-Renate: Gregor VII. Papst zwischen Canossa und Kirchenreform, Darmstadt 2001.

- Brinkkoetter, Pia: Das Spannungsverhältnis zwischen Kaisertum und Papsttum – aufgezeigt an der Quelle des „Dictatus Papae", GRIN Verlag 2010.

- Hartmann, Wilfried: Der Investiturstreit. (Enzyklopädie deutscher Geschichte, 21) München 1996, S.87f.

- Fuhrmann, Horst: Gregor VII., „Gregorianische Reform" und Investiturstreit. In: M. Greschat (Hg.): Das Papsttum I: Von den Anfängen bis zu den Päpsten in Avignon. Stuttgart u.a. 1994, S.155-175.

- Fuhrmann, Horst: Papst Gregor VII. und das Kirchenrecht zum Problem des Dictatus Papae, in Studi gregoriani per la storia della Libertas Ecclesiae, 1989, Band 13, S. 123 ff.

- Dr. theol. Hofman, Karl: Der „Dictatus Papae" Gregors VII. Eine Rechtsgeschichtliche Erklärung", Schöningh Verlag, Paderborn 1933.

- Mordek, Hubert: Dictatus Papae. In Lexikon des Mittelalters, Bd.3. München 1986 Spalte 978-981.

- Seng, Sebastian, Der Dictatus Papae, GRIN Verlag 2003.